Antik Mısır

Stephanie Warren Drimmer

NATIONAL GEOGRAPHIC

Washington, D.C.

Altın hazinelere ve tüyler ürpertici mumyalara bayılan anneme –S.W.D.

Kitabın özgün adı: *National Geographic Readers: Ancient Egypt*
1. baskı: Mart 2019
ISBN: 978-605-242-372-1
Çeviren: Sima Özkan
Son okuma: N. Tülin Fırat
Tasarım uygulama: Atiye Yaprak

BETA kids

Beta Basım Yayım Dağıtım A.Ş
Sertifika no: 16136
Narlıbahçe Sokak No: 11
Cağaloğlu-İstanbul
Tel: (0212) 511 54 32 Faks: (0212) 513 87 05
www.betayayincilik.com

Yayın hakları ve izinler ile ilgili her türlü soru için: bilgi@betayayincilik.com

Baskı ve cilt: İnkılâp Kitabevi Yayın San. Tic. A.Ş.
Sertifika no: 10614
Çobançeşme Mah. Sanayi Cad. Altay Sok. No: 8 Yenibosna-İstanbul
Tel: (0212) 496 11 81

Fotoğraf Kredileri : AL = Alamy; GI = Getty Images; NG = National Geographic Creative; SS = Shutterstock. Kapak, Kenneth Garrett/NG; sayfa başlığı, Fedor Selivanov/SS; sözcükler, Grishankov/SS; 1, Shotshop GmbH/AL; 3, DeAgostini/GI; 4, Hulton-Deutsch Collection/Corbis/Corbis GI'dan; 5, DEA/GI; 6, Space Frontiers/GI; 7, Eye Ubiquitous/UIG GI'dan; 8–9, Robert W. Nicholson/NG; 9, Robert Harding/AL; 10, Torleif Svensson/GI; 11, De Agostini/G. Sioen/GI; 12 (ÜST), De Agostini/A. Jemolo/GI; 12 (ALT), Ramin Talaie/Corbis via GI; 13, Anton_Ivanov/SS; 14–15, Daily Travel Photos/AL; 16, C.F. Payne/NG; 17, Mark Lehner; 18, DEA/GI; 19, Petr Bonek/AL; 20–21, Prisma Archivo/AL; 22, J.D. Dallet/age fotostock/AL; 23, Stefano Bianchetti/Corbis GI'dan; 24, Kenneth Garrett/NG; 25, CM Dixon/Print Collector/GI; 26 (ÜST), DeAgostini/GI; 26 (ORTA), Peter Horree/AL; 26 (ALT), jsp/SS; 27 (ÜST), Jules Gervais Courtellemont/NG; 27 (ORTA), Brian Kinney/SS; 27 (ALT), CM Dixon/Print Collector/GI; 28, Ann Ronan Pictures/Print Collector/GI;29 (ÜST), Ann Ronan Pictures/Print Collector/GI; 29 (ALT), DeAgostini/GI;30, DeAgostini/GI; 31 (ÜST), SSPL/GI; 31 (ALT SOL), SSPL/GI;31 (ALT SAĞ), Werner Forman/Universal Images/GI; 32, Christophel Fine Art/UIG via GI; 33, David Degner/GI; 34, DEA/G. Dagli Orti/De Agostini/GI; 35 (ÜST), S. Vannini/De Agostini/GI; 35 (ORTA), Heritage Image Partnership Ltd/AL; 35 (ALT), Werner Forman/Universal Images Group/GI; 36, William West/AFP/GI; 37, Werner Forman/Universal Images Group/GI; 38, Universal History Archive/UIG via GI; 39 (EKLİ), Bettmann/GI; 39, DEA/G. Dagli Orti/De Agostini/GI; 40 (EKLİ), Mark Thiessen/NG; 40, courtesy DigitalGlobe and Sarah Parcak; 42–43, Art Kowalsky/AL; 42 (EKLİ), DeAgostini/GI; 44 (UP), Apic/GI; 44 (ORTA), bumihills/SS; 44 (ALT), Khaled Desouki/AFP/GI; 45 (ÜST), Dan Breckwoldt/SS; 45 (ORTA SOL), Universal History Archive/UIG via GI; 45 (ORTA SAĞ), DEA/G. Dagli Orti/De Agostini/GI; 45 (ALT), Werner Forman/Universal Images Group/GI; 46 (ÜST), Hulton-Deutsch Collection/Corbis/Corbis GI'dan; 46 (ORTA SOL), DeAgostini/GI; 46 (ORTA SAĞ), Patrick Landmann/GI; 46 (ALT SOL), Stefano Bianchetti/Corbis via GI; 46 (ALT SAĞ), Fotografiche/SS; 47 (ÜST SOL), J.D. Dallet/age fotostock/AL; 47 (ÜST SAĞ), Ramin Talaie/Corbis via GI; 47 (ORTA SOL), Mark Lehner; 47 (ORTA SAĞ), Federico Rostagno/SS; 47 (ALT SOL), DigitalGlobe ve Sarah Parcak'ın izniyle; 47 (ALT SAĞ), photoDISC

İçindekiler

Geçmişe Bakış

Howard Carter'ın Tutankhamun'un mezarını araştırıp bulması yıllarını aldı.

26 Ekim 1922'de, arkeolog Howard Carter, mühürlü bir kapının önünde duruyordu. Bu kapı, 3000 yıldır kapalıydı. Elleri zangır zangır titriyordu. Carter, kapıda bir delik açtı ve içeri baktı.

"Bir şey görebiliyor musunuz?" diye sordu ekibindekilerden biri.

"Evet," dedi Carter. "İnanılmaz şeyler görüyorum."

Carter, Kral Tutankhamun mezarını bulmuştu. Hazineleriyle bu mezar göz kamaştırıyordu. Bu keşifle insanlar, tarihin en büyük medeniyetlerinden biri olan Antik Mısır Uygarlığı'nı yakından tanımış oldular.

Sözlük

ARKEOLOG: İnsanlık tarihi hakkında daha fazlasını öğrenmemiz için eski aletleri, çömlekleri ve mezarları inceleyen kişi.

MEDENİYET: Bir grup insanın kültürü ve yaşam biçimi.

Carter ve ekibinin bulduğu mezarın bir kopyası

Nil'in Armağanı

Nil Nehri, dünyanın en uzun nehirlerinden biridir.

Mısır, sıcak ve kuru bir çöldür. Ama Nil Nehri tam ortasından geçer. Eskiden Nil her yıl taşardı. Taşkın suyu, ardında alüvyon denen yoğun bir toprak bırakır. Alüvyon, ekinleri yetiştirmek için toprağın verimini artırır.

İnsanlar, 7500 yılı aşkın bir süredir Nil'in kıyısında yaşıyorlar. Nil'in yıl içindeki su taşkınlarına göre ayarladıkları bir takvim yaptılar; böylece ekinlerini ne zaman ekebileceklerini planlamış oldular. 365 günden oluşan ve 12 aya bölünmüş olan bir takvimdi bu. Günümüzde hâlâ bu takvimi kullanıyoruz.

Nil Nehri'nin kıyısı, bitki örtüsü ve ağaçlarla yemyeşil, verimli bir vadidir. Nehir kıyısının ötesinde çöl toprakları kurak ve kumludur.

Mısırlılar, Nil Nehri'ni yaşadıkları topraklar üzerindeki bir otoyol gibi kullanırlardı. Yelkenli gemiler inşa eder ve onlarla nehir boyunca bir aşağı bir yukarı gidip gelirlerdi. Gemiler, diğer ülkelerle ticareti yapılan malları da taşırdı.

Antik Mısır, zaman içerisinde çok güçlü bir medeniyete dönüştü. Dünya tarihindeki en güçlü medeniyetlerden biriydi. 3000 yıl boyunca varlığını sürdürdü. Bu uygarlık MÖ 3150 ile MÖ 30 yılları arasında insanlık tarihine damgasını vurdu.

Mısır Tarihi

MÖ 1, bugün kullandığımız takvimin ilk yılıdır. Antik Mısır'ın tarihi bundan öncedir. Tarihçiler, **MÖ** 1 yılından önceki zamanı, o yıldan geriye doğru saymaya karar verdiler. Bu yılları milattan önce diye tanımlıyorlar. Örneğin, Kral Tutankhamun **MÖ** 1341 yılında doğdu. **MÖ** 1332 yılında, daha dokuz yaşındayken kral oldu.

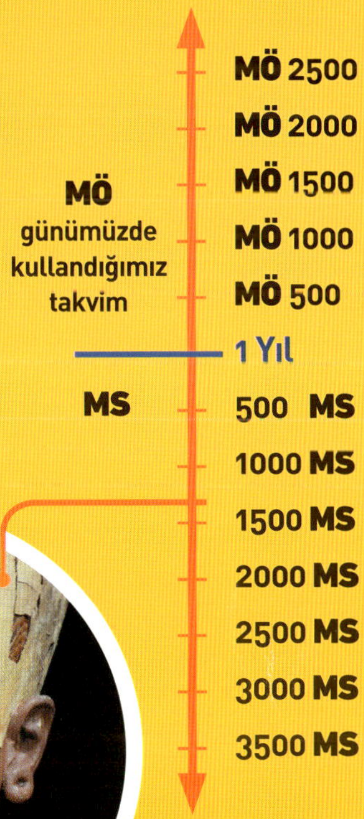

Kral Olmak Ne Güzel

Firavun II. Ramses'in heykeli

Antik Mısır'ın hükümdarlarına firavun denirdi. İnsanlar, firavunların dünya üzerindeki tanrılar olduğuna inanırlardı.

Firavun tüm güce sahipti. Kanunları o yapardı. Ülkenin ve içindeki her şeyin sahibi oydu.

Sanatçılar, firavunların heykellerini yaptılar ve resimlerini inşa ettikleri binaların duvarlarına kazıdılar. Firavunların her zaman genç ve fiziksel olarak kusursuz görünmesini sağladılar. Gerçek hayatta nasıl görünürlerse görünsünler önemli değil.

Bu taş oymacılığı örneğinde firavun, bir tanrı olarak gösteriliyor.

II. Ramses, Antik Mısır'ın en önemli firavunlarından biriydi. 65 yıl boyunca ülkeyi yönetti ve kendisinden önceki tüm hükümdarlardan çok daha fazla anıt inşa ettirdi.

Tutankhamun'un hükümdarlığı ise sadece 10 yıl sürdü. Ama o ününü, 5000'den fazla parçadan oluşan hazinesiyle gömülmüş olmasına borçlu. Tahtları, mücevherleri, altın tabutu ve iki tekerlekli savaş arabası, hazinesindeki parçalardan birkaçıdır.

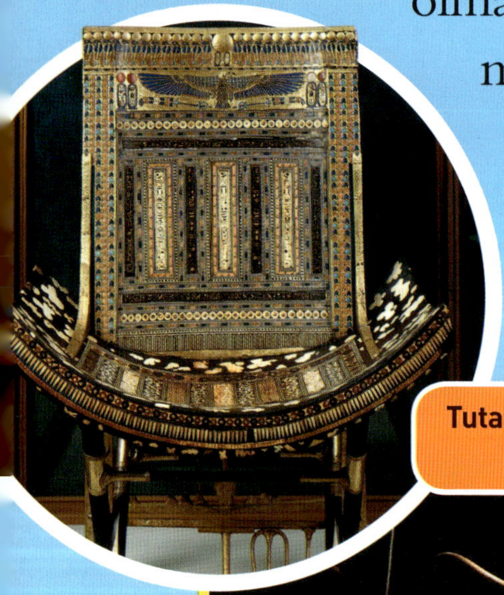

Tutankhamun'un mezarından çıkartılan taht ile araba.

Nil'in Kraliçesi

Firavunların çoğu erkektir ama hepsi değil. Uzmanlar uzun yıllar, firavun Hatşepsut'un bir kadın olduğunu bilmiyorlardı. Çünkü tüm heykellerde ve resimlerde kendisinin, bıyığıyla ve kocaman sakalıyla bir erkek gibi görünmesini emretmişti!

Hatşepsut'un heykeli

Sözlük

SAVAŞ ARABASI: Atlar tarafından çekilen iki tekerlekli araba.

Muazzam Anıtlar

Bazı firavunlar piramit adı verilen devasa yapılar inşa edilmesini emrederdi. Piramitler, firavunlarını onuruna yapılırdı. Bunlardan biri Gize'deki Büyük Keops Piramidi'ydi. 3800 yılı aşkın bir süre, dünyanın en yüksek yapısıydı. İnşaatı 20 yıl sürmüştü ve 139 metre yüksekliğindeydi.

Büyük Gize Sfenksi

Mısırlılar Büyük Sfenks'i, piramitleri koruması için inşa ettiler. Bu heykel Washington DC'deki Beyaz Saray kadar yüksektir. Heykelin patileri bir otobüsten daha büyüktür.

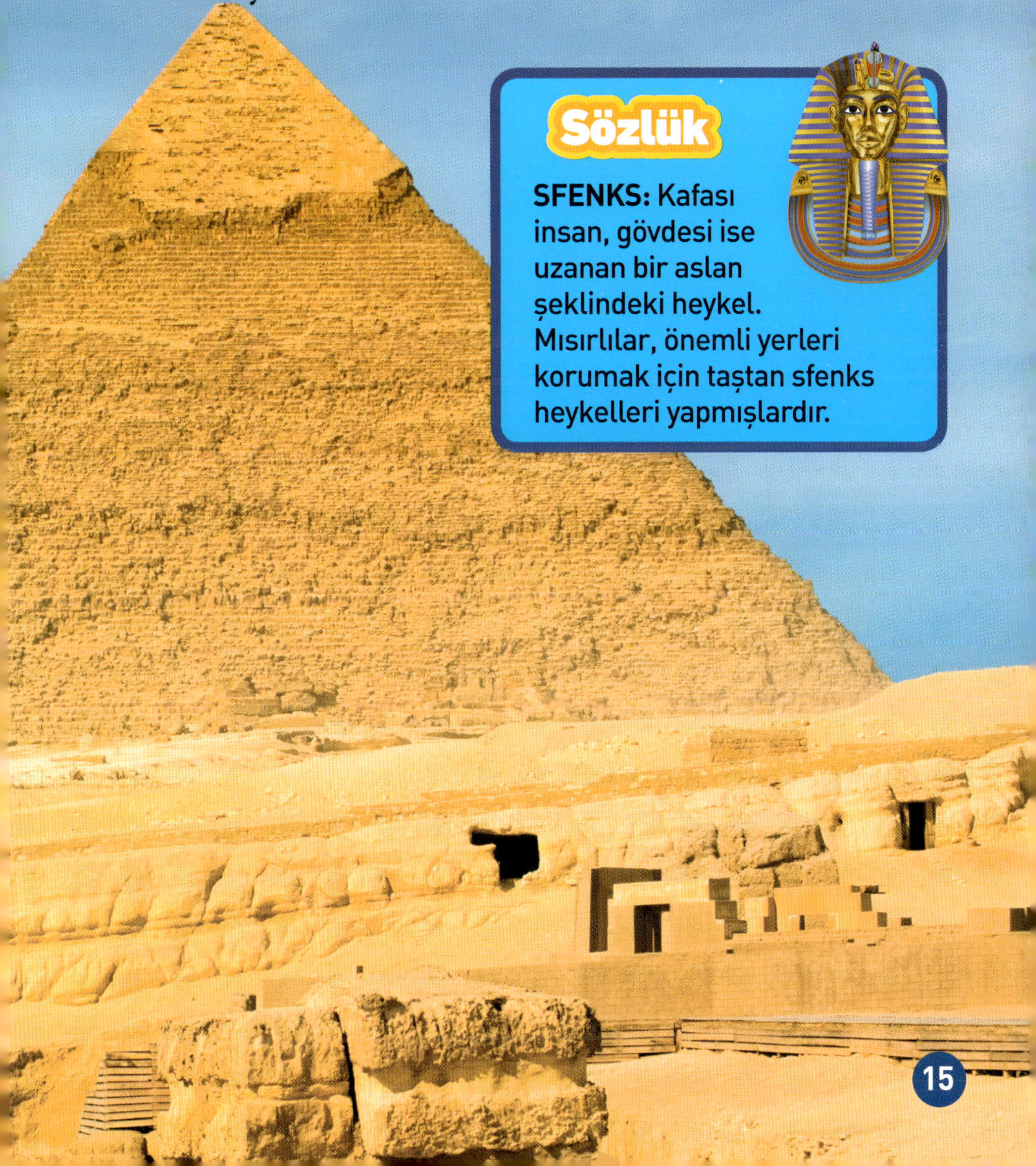

Sözlük

SFENKS: Kafası insan, gövdesi ise uzanan bir aslan şeklindeki heykel. Mısırlılar, önemli yerleri korumak için taştan sfenks heykelleri yapmışlardır.

Bu resimde, binlerce işçi Gize'deki Kefren Piramidi'ni inşa ediyor.

Piramitleri inşa eden işçilerin makineleri yoktu. Uzmanlar, kullandıkları taşları taş ocaklarındaki büyük bloklardan kestiklerini düşünüyorlar. Bu taş bloklarını gemilere taşıyorlar ve Nil Nehri boyunca ilerleyip inşaat alanına getiriyorlardı. Ardından, blokları, kurdukları rampaları kullanarak piramitlerdeki yerlerine götürüyorlardı.

Kayıp Şehir

1999'da, piramitlerin yakınında antik bir şehir keşfedildi. Uzun yıllar önce, bu yapılar piramitleri inşa eden işçilerin evleriydi. Bu alan, 10 futbol sahasından büyüktür!

Arkeologlar antik kenti dikkatle kazıyorlar.

Sözlük

TAŞ OCAĞI: İnşaatlarda kullanılmak üzere taşların yerden kesildiği alanlar.

Ölümden Sonraki Hayat

Piramitler sadece mimari yapılar değildir. Onlar mezardır. Büyük piramitlerin her birinde bir firavun gömülüdür. Bunların yakınlarındaki daha küçük olan piramitler ise aile üyelerinin bedenleri içindir.

Ölümden Sonraki Hayatta Hayvanlar

Tüm mumyalar insanlara ait değildir. Mısırlılar bazen bu kedi gibi hayvanların da mumyalarını yaparlardı. Köpeklerin, şahinlerin ve hatta timsahların mumyaları da keşfedilmiştir.

Sözlük

MUMYA: Bir insanın ya da hayvanın bedeninin kurutulup gömülmeden önce keten şeritleriyle sarılması.

Tutankhamun'un mezarındaki hazineler

Mısırlılar ölümden sonraki hayata inanırlar. Ölü akrabalarının, ölümden sonraki hayatlarında ihtiyaç duyabilecekleri her şeye sahip olduklarından emin olmak isterler. Bu yüzden mezarlarını yiyecek, giysi, mobilya ve mücevher gibi şeylerle doldururlar.

Uzmanlar, ilk mumyaların kazayla yapıldığını düşünüyorlar. Mısırlılar ölülerini çöle gömerlerdi. Sıcak ve kuru kum, bedenin çürümesini sağlayan bakterileri öldürüyordu. Bu yüzden de çürümek yerine, bedenler kuruyordu.

Bu Mısır mumyası şu an İspanya, Madrid'deki Ulusal Arkeoloji Müzesi'nde sergileniyor.

garip ama gerçek!

Herkesin mumyası yapılmıyordu. Bu işlem o kadar pahalıya mal oluyordu ki ancak varlıklı insanlar bunu karşılayabiliyordu.

Mısırlılar birinin bedeni korunabilirse, ruhunun da sonsuza dek yaşayabileceğine inanıyorlardı. Bu doğal mumyaları araştırdılar. Bedenlerin yüzyıllarca nasıl koruyabileceklerini öğrendiler. Bu işleme mumyalama deniyordu.

Sözlük

KORUMA: Parçalara ayrılmasını ya da çürümesini önlemek.

Mumyalama

Mumyalamak için, Antik Mısırlılar ölü kişinin burnundan içeri bir kanca sokarlar, beyni çıkarıp atarlardı.

Ardından karaciğeri, mideyi, bağırsakları ve akciğerleri çıkarırlardı. Bu organları kanopik çömleklerin içine koyup ağzını da mühürlerlerdi. Kalp ise yerinde kalırdı.

Kanopik çömleklerin kapakları genellikle baş şeklinde süslenirdi.

Sözlük

KANOPİK ÇÖMLEKLER: Antik Mısırlıların ölünün farklı organlarını muhafaza etmek için kullandıkları özel kaplar.

garip ama gerçek!

Mısırlılar beynin önemli olduğunu düşünmüyorlardı. Bilgelik kaynağının kalp olduğuna inanıyorlardı.

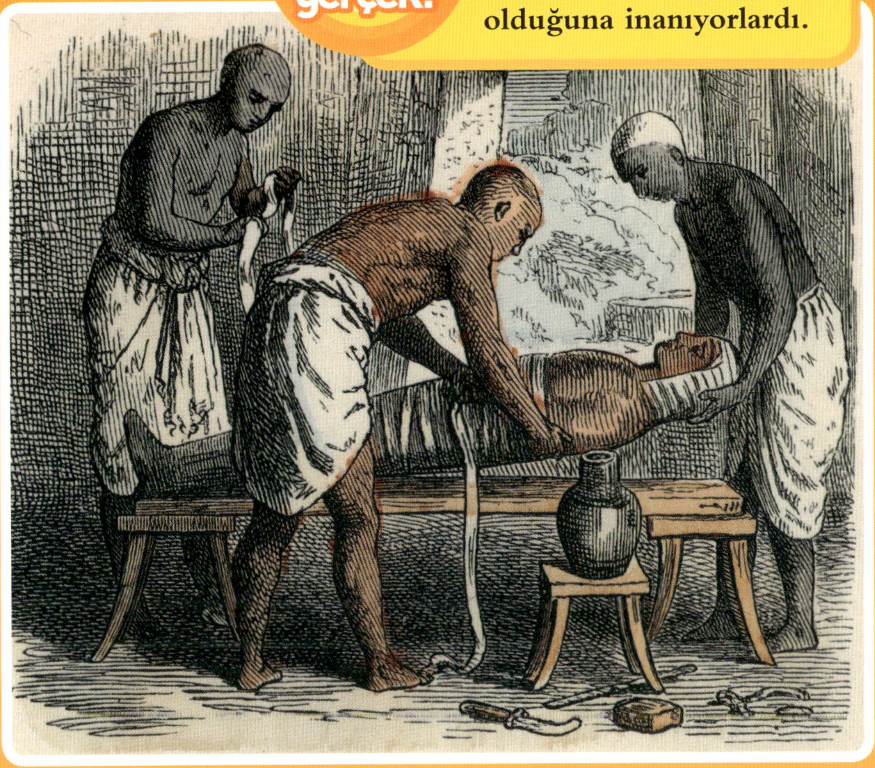

Ardından bedeni bir tür tuz olan doğal sodyum karbonatla kaplar, rutubetini alırlardı. Ölü bedeni bu şekilde 40 gün kurumaya bırakırlardı.

Sonrasında, sodyum karbonat kuruyan bedenden alınır ve bedenin içi, şekillendirmek için paçavralarla doldurulurdu. En sonunda da, beden kat kat keten şeritlerle sarılırdı.

Kral Tutankhamun'un mezarındaki bu duvar resminde, tanrı Osiris (soldaki), bir sonraki hayatına giderken firavuna yol gösteriyor.

Birisi öldükten sonra, Mısırlılar onun bir sonraki hayata gideceğine ve tanrı Osiris'in karşısına çıkacağına inanırlardı. Ölüleri o yargılardı.

Kişinin kalbi sonrasında altın bir terazide tartılırdı. Ağırlığı bir tüyle ölçülürdü. Bu tüye hakikatin tüyü denir. Eğer kalbin ağırlığı tüyünkinden hafif olursa, kişi sonsuza dek cennette yaşayabilirdi.

Kurt başlı tanrı Anubis kalbi tartar. Solda, timsah başıyla şeytan Ammit, kalbin değerini görmek için bekliyor. Eğer değersizse, onu yiyecek.

Antik Mısır Hakkında 6 EĞLENCELİ BİLGİ

1

Mısırlılar kediden, kobra yılanlarına ve timsahlara kadar pek çok hayvanın tanrılarla bağlantılı olduğunu düşünüyorlardı.

2

Çoğu Antik Mısırlı saçlarını kazıtırdı. Bunu bitlenmemek ve sıcaktan fazla etkilenmemek için yaparlardı. Kel başlarını kapatmak için genelde peruk takarlardı.

3

Mısırlılar bol bol tahıl yetiştirirlerdi. Ekmek ve yulaf lapası çoğu insanın ana besin kaynağıydı.

4

Mumyalara, ölünün yüzüne benzeyen maskeler takılırdı. Böylelikle ölü kişinin ruhu yeniden bedenini bulabilirdi.

"Antik Dönemin Yedi Harikası" adıyla da bilinen tamamı insanoğlu tarafından inşa edilmiş, olağanüstü antik yapılardan biri de, bu yedi yapıdan günümüzde hâlâ ayakta olan Gize Piramidi'dir.

5

6

Makyajı Mısırlılar icat etmiştir. Hem kadınlar hem de erkekler makyaj yaparlardı. Makyaj yapmanın, onları tanrılardan koruduğuna inanırlardı.

Antik Mısır'da Hayat

Antik Mısırlıların günlük hayatlarından tanrılar ve tanrıçalar büyük bir öneme sahipti. Mısırlıların inandığı tanrı ve tanrıçaların sayısı 200'ün üzerindedir! Her şeyin bir tanrısı vardır. Günlük ev işlerinden, ölümden sonraki hayata ve güvenli yolculuk etmeye kadar, hemen hemen her şeyin. Üstelik her birine tapmak gerekirdi.

Horus, gökyüzünün tanrısıdır.

Şahin başlı tanrı, Horus mücevheri. Her bir pençesindeki ankh, yaşamın sembolüdür.

Tanrı Thoth'un başı bir zamanlar Mısır'da yaşamış olan bir kuş türü olan aynak şeklindedir.

Thoth bilgeliğin, bilimin ve yazının tanrısıdır.

Bes, Mısırlı aileleri yılanlardan ve akreplerden korur.

Mısırlılar tanrı Bes'in şeytanları da korkutup kaçırdığını düşünürler.

Antik Mısırlılar, hastalıkların tanrılar sinirlendiğinde olduğuna inanıyorlardı. Doktorların kötü ruhları uzaklaştırmak için büyüler kullandıklarını düşünüyorlardı. Ama tıbbı ve ilaçları da kullanıyorlardı. Bazıları işe yaramıyordu, örneğin yarasa kanından yapılan bir göz kremi. Ama diğer ilaçlar yarıyordu. Pek çok ilacın içinde bal ve doğal antibakteriyeller vardır.

Bu en az 3000 yıllık resimde, bir doktor hastasının gözünü tedavi ediyor.

Mumyalardan Öğrenmek

Mumyalama işlemi, Mısırlıların insan bedenin nasıl çalıştığını öğrenmelerine yardımcı oldu. Mısırlı doktorlar yaraları dikebilir, kırılan kemikleri iyileştirebilir ve bazı bıçaklar kullanarak basit ameliyatlar yapabilirlerdi.

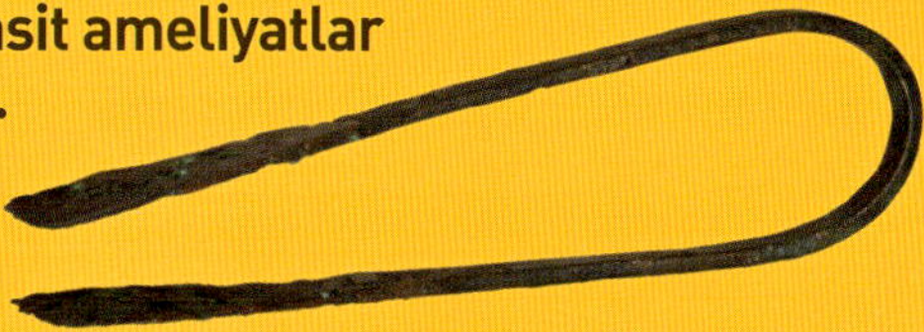

garip ama gerçek!

Bilinen ilk kadın doktor Antik Mısır'daki Peseshet'tir. MÖ 2500 yıllarında, büyük piramitler inşa edilirken, o da tıp bilimi üzerinde çalışıyordu.

Tasarımı sayesinde Hatşepsut'un tapınağında yükselen kış güneşi, içerideki heykelin üzerine yansır.

Mısırlılar, tıp konusunda çağlarının ilerisindelerdi. Matematik konusunda da oldukça bilgi sahibiydiler. Buna mecburdular: Matematik bilgileri olmadan mezarları ve tapınakları ayakta duramazdı. Günümüzün bilgisayarlarında hâlâ kullanılmakta olan sıfırlar ve birlere dayalı sayı sistemini Mısırlılar bulmuştur.

Güneş, Mısır, Lüksor'daki Karnak Tapınağı'nın arkasında doğuyor.

Mısırlılar aynı zamanda güneşin, ayın ve yıldızların da hareketlerini inceliyorlardı. Gize Piramidi'nin dört kenarı tam olarak kuzey, güney, doğu ve batıya bakıyordur. Pek çok Mısır tapınağı, yükselen güneşin hizasında sıralanmıştır.

Boyanmış tahtadan yapılan gemi

Mısırlı zanaatkârlar çok güzel resim, heykel, mücevher ve mobilya yaparlardı. Sevdiklerinin mezarlarını bu hazinelerle doldururlardı. Ölümden sonraki yaşamda bu sanat eserlerinin canlanacağına inanırlardı.

Sanat, Antik Mısır'daki hayata dair bize pek çok ipucu verir. İnsanların nasıl giyindiğini, ne tür işlerle uğraştıklarını ve eğlenmek için neler yaptıklarını da gösterir.

Karnak Tapınağı'ndan bir heykel

Süslenmiş bir sandık

garip ama gerçek!

Antik Mısırlılar masa oyunlarını çok severlerdi. Bazı firavunlar en sevdikleri oyunlarla bile gömülmüştür.

Senet adındaki popüler bir Mısır oyun tahtası

Gömülü Hazine

Ejiptologlar, yıllar önce Mısırlıların neye benzediğini öğrenmek için sanatlarını ve antik objeleri incelerler. Antik kentleri dikkatle kazar ve tapınakları araştırırlar. 3D taramalar gibi modern teknolojiden de faydalanırlar. Mumyayı tabutundan bile çıkarmadan bir mumyanın sargılarının içinde neler olduğunu keşfedebilirler!

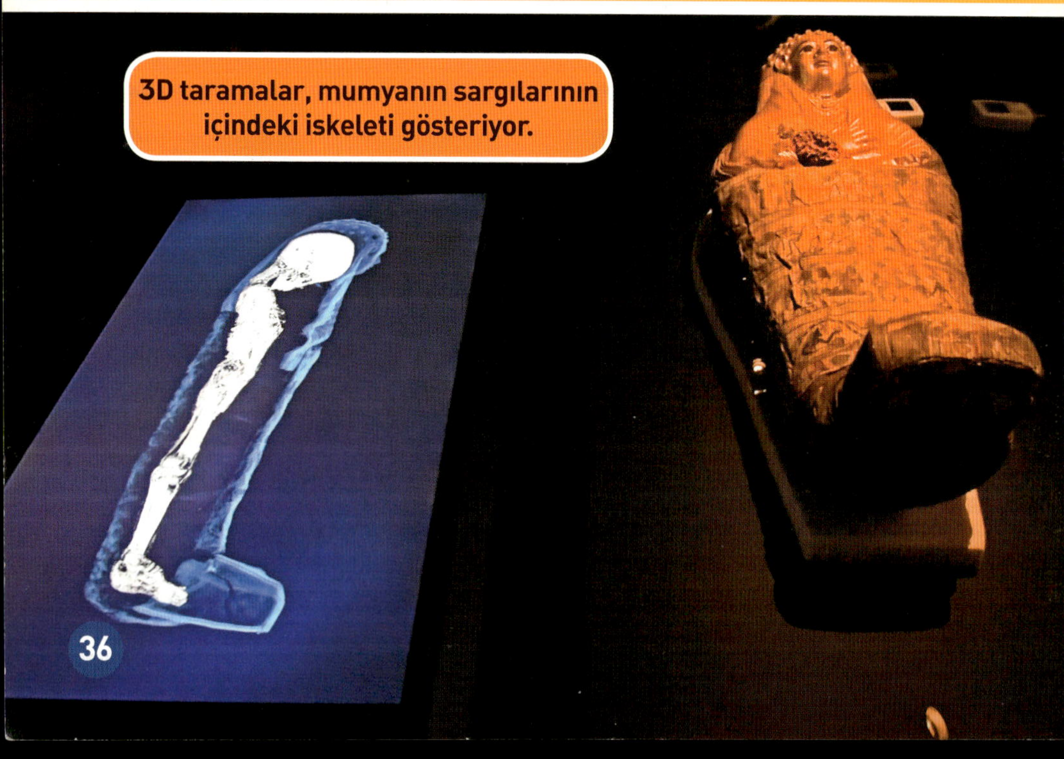

3D taramalar, mumyanın sargılarının içindeki iskeleti gösteriyor.

Mezar Yağmacıları

Maalesef herkes mumyalara aynı özenle yaklaşmamıştır. Antik mezar soyguncuları mezarlara girer, içerideki altınlardan ve mücevherlerden oluşan hazineleri çalar, mumyaların bedenlerini açarlardı. Piramitleri inşa edenler yağmacıları kandırmak için içlerini tüneller ve boş odalarla doldursa da yağmalamalar kaçınılmaz olmuştur.

Antik Mısır'daki polis memurları eğitimli köpekler ve hatta maymunlar kullanırlardı. Taş oyularak yapılmış olan bu eser, bir polis ile eğitimli babununun hırsızı kovaladığı bir sahneyi gösteriyor.

Sözlük

EJİPTOLOG: Antik Mısır tarihi, dili, edebiyatı, inancı, mimarisi ve sanatı üzerine çalışan kişi.

Antik Mısır'a dair yapılan en büyük keşiflerden biri 1779'da yaşandı. Fransız bir asker, üzerinde antik yazıların olduğu bir taş keşfetti. Bu yazıta Rosetta Taşı adı verildi. Üzerindeki yazıda aynı metin üç farklı dilde, yani üç farklı alfabeyle yazıyordu. Bu yazılardan biri Mısır hiyeroglifleriydi. Sembollerden oluşan bu dil 2000 yıldır gizemini koruyordu. Uzmanlar diğer iki yazıdan biri olan Antik Yunancayı kullanarak hiyeroglifleri çözdüler.

Rosetta Taşı

Firavun Khufu'nun gemisi, 1954 yılında, Kamal El Mallakh tarafından keşfedildi.

Bir diğer büyük keşif ise 1954 yılında gerçekleşti. Mısırlı bir Ejiptolog kazılar sırasında 43 metre uzunluğunda bir gemi bulmuştu. Bu gemi Firavun Khufu ile birlikte gömülmüştü. Ölümden sonraki hayatında kralı, Nil Nehri boyunca taşıması için inşa edilmişti.

Bir Ejiptolağa Sor

Sarah Parcak Antik Mısır şehri Tanis'i bulmak için uydu resimlerini kullandı.

Sarah Parcak

Sarah Parcak, kumun ve ormanın altında saklanan piramitler gibi antik şehir alanlarını bulmak için uydu resimlerini kullanıyor.

S: Neden bir Ejiptolog oldun?

C: Küçüklüğümden beri Mısır Uygarlığı'na âşıktım.

Tüm Kâşiflere Sesleniyoruz

Sarah Parcak, GlobalXplorer adını taşıyan online bir projeye başladı. Bu proje, kayıp şehirleri bulması için uydu fotoğraflarını incelemeleri için insanlara eğitim veriyor. İsteyen herkes antik mezarlar ve tapınakların keşfedilmesine yardımcı olabilir.

S: İşini üç kelimeyle anlatabilir misin?

C: Macera. Gizem. Güzellik.

S: Antik kazı alanlarında kazı yaparken en çok hoşuna giden şey nedir?

C: Kazıdaki takım ruhu. Bir aile gibi oluyorsunuz.

S: Bir Antik Mısırlı olsaydın, mesleğinin ne olmasını isterdin?

C: Firavun tabii ki!

S: Ejiptolog olmak isteyen çocuklara ne tavsiye edersin?

C: Okulda sıkı çalışın ve çok okuyun.

Sözlük

UYDU FOTOĞRAFLARI: Dünya'nın ya da diğer gezegenlerin, uzaydaki aygıtlar vasıtasıyla çekilen fotoğrafları.

KAZI YAPMAK: Üzerini örten toprağı dikkatli bir şekilde kaldırarak bir şeyi ortaya çıkarmak.

Mısır çölleri hâlâ pek çok gizem saklıyor. Sfenks'in yüzüne oyulan yüz kime ait? Ünlü Kraliçe Nefertiti nereye gömülü? Ejiptologlar bu soruların ve çok daha fazlasının cevaplarını aramaya devam ediyor.

Kraliçe Nefertiti'nin heykeli. MÖ 1300'lerin ortasında kocasıyla birlikte devleti yönetti.

Firavunlar, piramitler ve mumyalar hakkında okumak, sende Ejiptolog olma isteği uyandırdı mı? Belki bir gün bu gizemleri çözen kişi sen olursun!

TEST ZAMANI

Antik Mısır hakkında ne kadar şey biliyorsun? Bu kitabı okuduktan sonra, muhtemelen oldukça fazla! Bu soruları cevapla ve neler öğrendiğini değerlendir.

Cevaplar 45. sayfanın altındadır.

1

1922'de Howard Carter ne keşfetti?

A. Gize Piramidi
B. Sfenks
C. Firavun Tutankhamun'un mezarı
D. Rosetta Taşı

2

Mısır'dan hangi nehir akar?

A. Amazon Nehir
B. Nil Nehri
C. Mississippi Nehri
D. Khufu Nehri

3

Hatşepsut kimdir?

A. kadın firavun.
B. Mısırlı doktor
C. arkeolog
D. erkek firavun

4

Piramitler ____________.

A. tapınaktır
B. heykeldir
C. mezardır
D. markettir

Antik Mısırlılar neyi keşfetmişlerdir?

A. takvimi
B. bazı matematik kurallarını
C. makyajı
D. yukarıdakiler hepsini

5

6

Hangi keşif Ejiptologların hiyeroglifleri çözmesine yardımcı oldu?

A. Sfenks
B. King Tut'un mezarı
C. Rosetta Taşı
D. Khafre Tapınağı

7

Mısırlı doktorlar ________.

A. yaraları dikebilirlerdi
B. kırılan kemikleri iyileştirebilirlerdi
C. basit ameliyatlar gerçekleştirebilirlerdi
D. yukarıdakiler hepsi

Cevaplar: 1. C, 2. B, 3. A, 4. C, 5. D, 6. C, 7. D

Sözlük

ARKEOLOG: İnsanlık tarihi hakkında daha fazlasını öğrenmemiz için eski aletleri, çömlekleri ve mezarları inceleyen kişi.

MEDENİYET: Bir grup insanın kültürü ve yaşam biçimi

EJİPTOLOG: Antik Mısır tarihi, dili, edebiyatı, inancı, mimarisi ve sanatı üzerine çalışan kişi.

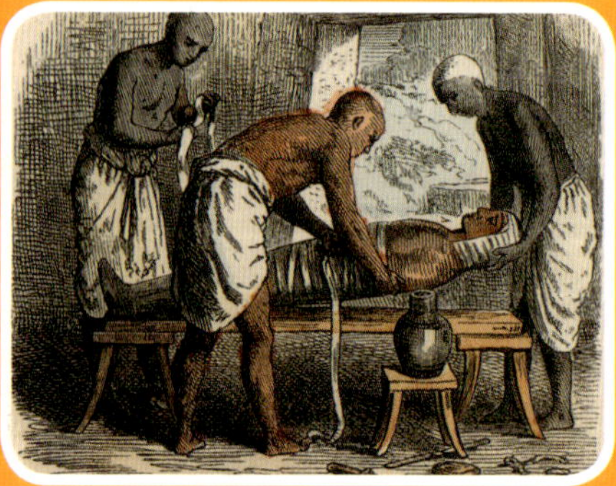

KORUMA: Parçalara ayrılmasını ya da çürümesini önlemek.

TAŞ OCAĞI: İnşaatlarda kullanılmak üzere taşların yerden kesildiği alanlar.

KANOPİK ÇÖMLEKLER: Antik Mısırlıların ölünün farklı organlarını muhafaza etmek için kullandıkları özel kaplar.

SAVAŞ ARABASI: Atlar tarafından çekilen iki tekerlekli araba.

KAZI YAPMAK: Üzerini örten toprağı dikkatli bir şekilde kaldırarak bir şeyi ortaya çıkarmak.

MUMYA: Bir insanın ya da hayvanın bedeninin kurutulup gömülmeden önce bez şeritleriyle sarılması.

UYDU FOTOĞRAFLARI: Dünya'nın ya da diğer gezegenlerin, uzaydaki aygıtlar vasıtasıyla çekilen fotoğrafları.

SFENKS: Kafası insan, gövdesi ise uzanan bir aslan şeklindeki heykel. Mısırlılar, önemli yerleri korumak için taştan sfenks heykelleri yapmışlardır.

Dizin

Koyu harflerle yazılı olan sayfa numaraları, görsellere aittir.